Piris Bruno Charles

Les Gardiens de l'Humanité

Piris Bruno Charles

Les Gardiens de l'Humanité

Lutte contre la Secte des Reptiliens

Éditions Muse

Imprint

Cover image: www.ingimage.com

Publisher:
Éditions Muse
is a trademark of
Dodo Books Indian Ocean Ltd. and OmniScriptum S.R.L publishing group

120 High Road, East Finchley, London, N2 9ED, United Kingdom
Str. Armeneasca 28/1, office 1, Chisinau MD-2012, Republic of Moldova, Europe
Printed at: see last page
ISBN: 978-620-4-96411-9

Les Gardiens de l'Humanité

Lutte contre la Secte des Reptiliens

Ecrit Par Bruno Charles Piris

Les Gardiens de l'Humanité :

Lutte contre la Secte des Reptiliens

Ecrit Par Bruno Charles Piris

Gabriel Duconte était un agent secret français de l'Ordre des Roses Croix, spécialisé dans l'infiltration et la manipulation. Il avait été formé dès son plus jeune âge à maîtriser les langues étrangères et les techniques de communication non verbale, ce qui lui permettait de se fondre dans n'importe quel environnement.

Gabriel Duconte avait développé une capacité psychique qui lui permettait de percevoir des informations au-delà des cinq sens physiques. Il pouvait capter des informations à distance, voir à travers les murs et même prédire l'avenir dans certaines situations.

Grâce à cette capacité, Gabriel était capable de détecter des menaces potentielles avant même qu'elles ne se manifestent physiquement. Il pouvait également repérer des ennemis cachés et collecter des informations à distance sans être détecté.

Sa perception extrasensorielle était également très utile dans les situations où il était confronté à des mystères et des énigmes. Il pouvait utiliser son pouvoir pour trouver des indices cachés et pour résoudre des énigmes complexes.

Gabriel avait également développé des capacités de télékinésie, qui lui permettaient de déplacer des objets à distance par la force de la pensée. Cette capacité était très utile lors de missions d'espionnage et de lutte contre les ennemis de l'humanité.

Grâce à la télékinésie, Gabriel était capable de désarmer des ennemis à distance, de déplacer des objets pour créer des distractions, ou encore de bloquer des portes pour empêcher les ennemis de s'échapper. Cette capacité lui permettait également de se défendre contre les attaques à distance en renvoyant les projectiles ennemis vers leurs sources.

Cependant, la télékinésie demandait une grande concentration et une maîtrise de soi importante. Gabriel avait donc dû s'entraîner pendant des années pour développer cette capacité à son plein potentiel. Il ne l'utilisait que lorsque c'était absolument nécessaire, afin de ne pas attirer l'attention sur lui et de préserver son énergie mentale pour d'autres tâches importantes.

Gabriel avait également développé la capacité de créer des illusions pour tromper ses ennemis. Cette capacité était très utile pour infiltrer des bases ennemies et pour dissimuler sa propre présence.

Avec cette capacité, Gabriel pouvait créer des illusions qui semblaient réelles et convaincantes. Par exemple, il pouvait créer une illusion d'un mur vide pour dissimuler une porte secrète ou une illusion d'une foule pour se fondre dans une masse de personnes.

En plus de tromper ses ennemis, cette capacité lui permettait également de distraire ses adversaires en créant des illusions qui les désorientaient ou les éblouissaient.

Cependant, cette capacité nécessitait une grande maîtrise de soi et une grande concentration, car elle consommait beaucoup d'énergie mentale. Gabriel l'utilisait donc avec prudence et ne créait des illusions que lorsque cela était absolument nécessaire pour accomplir sa mission.

Gabriel avait également développé la capacité de devenir invisible, ce qui lui permettait de se déplacer sans être détecté. Cette capacité était particulièrement utile pour infiltrer des bases ennemies ou pour passer inaperçu dans des lieux publics.

Avec cette capacité, Gabriel pouvait se fondre dans son environnement et éviter les caméras de surveillance, les détecteurs de mouvement et les gardes ennemis. Cette capacité lui permettait également d'échapper à ses ennemis en se rendant invisible.

Cependant, cette capacité demandait beaucoup d'énergie mentale et Gabriel ne pouvait pas la maintenir pendant de longues périodes. Il devait donc l'utiliser avec parcimonie et choisir le moment opportun pour devenir invisible.

En outre, cette capacité ne le protégeait pas contre les détecteurs de chaleur ou les ennemis qui utilisaient des capteurs de mouvement, il devait donc rester vigilant même lorsqu'il était invisible.

Gabriel avait également développé la capacité de lire les auras des personnes, ce qui lui permettait de déterminer leur état émotionnel et leur niveau d'alerte. Cette capacité était particulièrement utile lors de missions de renseignement, car elle lui permettait de repérer les personnes qui étaient sous tension ou qui avaient quelque chose à cacher.

Avec cette capacité, Gabriel pouvait évaluer la sincérité des personnes qu'il rencontrait et déterminer si elles étaient dignes de confiance. Il pouvait également détecter les émotions négatives des ennemis, comme la colère ou la peur, et agir en conséquence pour éviter les conflits.

Cependant, cette capacité demandait une grande concentration et une grande sensibilité émotionnelle. Gabriel ne pouvait pas lire les auras à distance et devait se rapprocher suffisamment des personnes pour percevoir leur énergie.

En outre, cette capacité n'était pas infaillible et Gabriel devait faire preuve de prudence lors de l'évaluation des intentions des personnes, car les auras pouvaient être trompeuses.

Gabriel avait suivi un entraînement militaire poussé avec un grade de colonel pour améliorer ses compétences en matière de stratégie et de tactique. Cela faisait partie de sa formation en tant qu'agent secret de l'Ordre des Rose-Croix, qui visait à préparer les agents à toutes les situations possibles sur le terrain.

En tant que colonel, son instructeur avait été particulièrement sévère, ne tolérant aucun écart de conduite ou de faiblesse. Gabriel avait été poussé au-delà de ses limites physiques et mentales, apprenant à résister à la douleur, à la fatigue et au stress.

Il avait également appris à planifier des opérations militaires complexes, à diriger des équipes sur le terrain et à prendre des décisions rapides et efficaces dans des situations d'urgence. Cet entraînement lui avait donné les compétences nécessaires pour mener à bien des missions de haute envergure et pour faire face à toutes les éventualités.

En tant que membre de l'Ordre des Rose-Croix, Gabriel avait été appelé à travailler dans des environnements hautement sensibles et à résoudre des problèmes qui dépassaient les capacités de la plupart des agents secrets. Son entraînement militaire l'avait préparé à ces défis et avait renforcé sa détermination à protéger l'humanité contre les menaces les plus sombres et les plus dangereuses.

Gabriel était un agent secret de l'Ordre des Rose-Croix, formé pour lutter contre la secte des reptiliens et leurs plans d'extermination de la race humaine. Il était doté d'une grande force physique et mentale, ainsi que d'une apparence frappante et mémorable.

Il était grand et élancé, avec des épaules larges et une musculature développée, acquise grâce à un entraînement physique intense. Son visage était anguleux et carré, avec une mâchoire forte et des sourcils épais. Ses yeux étaient d'un bleu profond, perçants et scrutateurs, qui semblaient pouvoir lire l'âme de n'importe qui.

Ses cheveux bruns foncés étaient coupés courts et peignés en arrière, ce qui donnait à son visage une apparence austère et sérieuse. Il portait généralement une barbe de quelques jours qui soulignait sa mâchoire puissante.

Gabriel avait un style vestimentaire sobre et élégant, qui reflétait son engagement envers sa mission et son statut d'agent secret de l'Ordre des Rose-Croix. Il portait souvent des costumes noirs sur mesure, des chemises blanches impeccables et des cravates sombres et discrètes.

En somme, Gabriel était un agent secret charismatique et impressionnant, avec une apparence qui inspirait le respect et la confiance, tout en reflétant sa détermination à protéger l'humanité contre les forces obscures et menaçantes.

Cependant, Gabriel avait appris à ne pas dépendre trop de sa perception extrasensorielle, car elle pouvait parfois être trompeuse. Il avait appris à faire confiance à son instinct et à sa formation en espionnage pour prendre des décisions importantes.

Grâce à ses compétences en infiltration, Gabriel était capable de se faire passer pour n'importe qui, de l'homme d'affaires élégant au travailleur de chantier sale et fatigué. Il était également expert en manipulation, capable de convaincre les autres de faire ce qu'il voulait sans qu'ils s'en rendent compte.

Gabriel avait été impliqué dans plusieurs missions d'espionnage où il avait utilisé ses compétences pour obtenir des informations vitales sur les plans ennemis. Il avait également été impliqué dans des opérations de sauvetage, où il avait utilisé ses compétences en linguistique pour communiquer avec les otages et les sauver en toute sécurité.

Gabriel était un membre important de l'Ordre des Roses Croix, et son expertise en infiltration et manipulation était très appréciée. Il était prêt à tout pour accomplir sa mission et pour protéger l'humanité contre les menaces potentielles. Sa capacité à se fondre dans n'importe quel environnement et à manipuler les autres avec subtilité était une arme puissante dans la lutte contre les forces obscures.

Gabriel Ducont avait été recruté par l'Ordre des Roses Croix dès son plus jeune âge, alors qu'il était encore un enfant. Il avait été choisi pour ses talents psychiques exceptionnels, qui avaient été détectés par les membres de l'Ordre lors d'une séance de recrutement psychique.

Dès lors, Gabriel Ducont avait été pris en charge par les membres de l'Ordre, qui l'avaient formé à maîtriser ses pouvoirs psychiques. Il avait suivi un programme d'entraînement rigoureux qui comprenait des séances de méditation, d'exercices de respiration et de visualisation, ainsi que des cours de combat et de stratégie.

Au fil des années, Gabriel Ducont avait développé ses pouvoirs psychiques à un niveau incroyable. Il était capable de lire dans les pensées des autres, ce qui lui permettait de savoir ce qu'ils pensaient et de découvrir leurs intentions cachées. Il pouvait également se déplacer à travers les dimensions, en utilisant ses pouvoirs pour se téléporter instantanément d'un endroit à un autre. Enfin, il avait la capacité de manipuler les éléments, en utilisant ses pouvoirs pour créer des boucliers de protection, des boules de feu ou des rafales de vent.

Tous ces pouvoirs étaient incroyablement utiles pour Gabriel Ducont dans sa lutte contre les forces obscures qui menaçaient l'humanité. Il pouvait les utiliser pour espionner les ennemis, pour se défendre contre leurs attaques ou pour lancer des contre-attaques dévastatrices. Mais il savait également qu'il devait être prudent dans l'utilisation de ses pouvoirs, car ils pouvaient facilement le trahir s'il les utilisait imprudemment.

C'est pourquoi Gabriel Ducont avait appris à contrôler ses émotions et à rester calme en toutes circonstances. Il savait que c'était la clé pour garder le contrôle de ses pouvoirs psychiques et pour ne pas succomber à la tentation de les utiliser de manière destructrice.

Grâce à son entraînement intensif et à son sens aigu de la responsabilité, Gabriel Ducont était devenu l'un des agents les plus talentueux et les plus redoutables de l'Ordre des Roses Croix. Il était prêt à affronter n'importe quel défi pour protéger l'humanité et pour combattre les forces obscures qui menaçaient la planète.

Lorsque Gabriel était envoyé en mission pour l'Ordre des Rose-Croix, il était souvent accompagné d'une partenaire, une autre agent secret qui possédait des compétences et des capacités complémentaires aux siennes.

Sa partenaire s'appelait Ana, une jeune femme d'origine brésilienne. Elle était aussi une agent secret formée par l'Ordre des Rose-Croix, spécialisée dans les missions d'infiltration et de collecte de renseignements. Ana était une experte en arts martiaux et en techniques de combat au corps-à-corps, ce qui la rendait redoutable dans les situations dangereuses.

Elle avait une apparence élégante et sophistiquée, avec des cheveux noirs de jais et des yeux marron foncé profonds et expressifs. Elle était petite et agile, avec une silhouette athlétique et une grâce naturelle qui la rendait presque silencieuse dans ses mouvements.

Ana était également dotée d'une grande intelligence émotionnelle et d'un talent pour manipuler les situations sociales. Elle pouvait facilement se fondre dans n'importe quel environnement et établir des relations avec des personnes clés pour obtenir les informations dont l'équipe avait besoin.

Ensemble, Gabriel et Ana formaient une équipe redoutable, complémentaire dans leurs compétences et leurs capacités. Leur travail d'équipe était souvent crucial pour accomplir les missions les plus difficiles et dangereuses de l'Ordre des Rose-Croix.

Le maître des Rose-Croix contacte Gabriel et Ana, leur expliquant la mission urgente qui les attend. Sa voix est calme mais ferme, laissant transparaître l'importance de la tâche qui leur est confiée.

"Gabriel, Ana, nous avons des informations cruciales sur les plans de la secte des reptiliens. Ils préparent un complot international visant à éliminer la race humaine. Nos sources nous ont indiqué qu'ils vont utiliser une arme biologique très puissante qui pourrait causer des millions de morts. Nous devons les arrêter avant qu'ils ne mettent leur plan à exécution."

Gabriel écoute attentivement, puis répond avec détermination: "Nous sommes prêts à intervenir, Maître. Où se trouvent les reptiliens et comment pouvons-nous les atteindre?"

Le maître répond: "Nous avons des informations selon lesquelles ils ont un laboratoire secret quelque part en Amérique du Sud. Vous devrez vous infiltrer dans ce laboratoire et récupérer les plans de l'arme biologique. Une fois que vous les aurez, nous pourrons agir pour les empêcher de nuire à l'humanité."

Ana ajoute: "Quels sont les risques potentiels que nous devons prendre en compte dans cette mission?"

Le maître répond: "Il y a toujours des risques dans ce genre de mission. Les reptiliens sont extrêmement dangereux et ne reculeront devant rien pour protéger leur plan. Vous devrez faire preuve de la plus grande prudence et de la plus grande détermination pour réussir. Nous avons confiance en vous."

Gabriel et Ana échangent un regard déterminé, avant de répondre en chœur: "Nous ne vous décevrons pas, Maître. Nous sommes prêts à agir."

Ana et Gabriel se tiennent debout devant une carte du monde, examinant les données dont ils disposent.

Ana prend la parole : "Gabriel, nous avons beaucoup de travail à faire pour trouver ce laboratoire. Nous devons rassembler toutes les informations possibles sur les mouvements des reptiliens."

Gabriel hoche la tête en signe d'approbation : "Nous devons également nous préparer mentalement et physiquement pour l'infiltration. Nous ne savons pas à quoi nous devons nous attendre une fois que nous serons sur place."

Ana réfléchit un instant, puis répond : "Je pense que nous devrions nous entraîner à travailler ensemble dans toutes les situations possibles. Nous avons besoin d'une coordination parfaite pour mener à bien cette mission."

Gabriel approuve : "Je suis d'accord. Nous devons être en mesure de communiquer clairement et efficacement, même dans les situations les plus difficiles."

Ana ajoute : "Et nous devons être prêts à faire face à toute éventualité. Les reptiliens sont dangereux, mais nous avons été formés pour faire face à des situations extrêmes."

Gabriel sourit : "Nous sommes les meilleurs dans notre domaine. Nous pouvons y arriver."

Ana hoche la tête : "Oui, nous le pouvons. Mais nous devons nous rappeler que cette mission n'est pas seulement pour nous. Des millions de vies sont en jeu."

Gabriel acquiesce : "C'est vrai. Nous ne pouvons pas échouer."

Ana et Gabriel échangent un regard déterminé, avant de retourner à leur travail pour préparer leur mission contre les reptiliens.

Le maître des Rose-Croix se tient devant ses disciples, le visage grave. "Mes chers amis, j'ai reçu des informations alarmantes. La secte des reptiliens prévoit de stériliser la race humaine en utilisant des ondes électromagnétiques. Ils ont déjà commencé à mettre leur plan en action, et il est de notre devoir de les arrêter avant qu'il ne soit trop tard."

Les disciples échangent des regards inquiets, et le maître poursuit : "Nous devons agir vite et avec détermination. Nous avons déjà une équipe en place pour infiltrer le laboratoire où les reptiliens mènent leurs expériences. Gabriel et Ana seront les chefs de cette mission. Ils ont été formés pour faire face à des situations extrêmes, et je suis convaincu qu'ils peuvent mener cette mission à bien."

Il fait une pause, puis reprend : "Mais nous devons aussi être conscients des risques. Les reptiliens sont dangereux, et ils ne se laisseront pas arrêter facilement. Nous devons être prêts à faire face à toutes les éventualités. Mais je suis confiant que, avec notre entraînement et notre détermination, nous pouvons mettre un terme à ce complot et sauver la race humaine."

Les disciples acquiescent en signe d'approbation, avant de se mettre au travail pour préparer leur mission. Ils savent que la tâche qui les attend est difficile, mais ils sont prêts à faire tout ce qui est en leur pouvoir pour protéger l'humanité.

Gabriel est en train de se préparer mentalement pour la mission à venir. Il se remémore sa formation auprès des Rose-Croix et les connaissances qu'il a acquises sur les reptiliens. Il se rappelle la forme de pensée de cette secte, qui considère les humains comme de simples animaux destinés à être utilisés pour leur propre bénéfice. Cette idéologie répugne Gabriel, qui est convaincu que chaque vie a une valeur inestimable.

En se concentrant sur ces pensées, Gabriel se remémore également les techniques de combat qu'il a apprises. Il sait que la mission sera difficile, mais il est prêt à tout mettre en œuvre pour arrêter les reptiliens. Sa partenaire Ana est tout aussi déterminée, et Gabriel a confiance en elle.

Il sait que cette mission est cruciale pour l'avenir de l'humanité. Si les reptiliens réussissent à stériliser la race humaine, cela signifierait la fin de l'humanité telle que nous la connaissons. Gabriel et Ana sont déterminés à empêcher cela de se produire, même s'ils doivent risquer leur propre vie pour y parvenir.

Finalement, Gabriel se redresse et se tourne vers Ana, lui adressant un regard déterminé. "Nous sommes prêts. Allons-y."

Le Maître des Rose-Croix leur a fourni des informations sur les lieux possibles où la secte des reptiliens pourrait mener ses activités. Gabriel et Ana doivent examiner ces endroits et collecter des informations pour trouver des indices sur la localisation réelle de la secte.

Ils savent que les reptiliens préfèrent agir dans des zones éloignées et peu peuplées, où ils peuvent opérer en toute discrétion. Gabriel et Ana vont donc se concentrer sur les zones désertiques et les régions reculées.

Cependant, ils doivent être prudents, car les reptiliens sont connus pour être très méfiants et peuvent avoir des systèmes de sécurité sophistiqués en place pour protéger leurs activités. Gabriel et Ana doivent être prêts à faire face à des pièges, des pièges mortels et des attaques surprises.

Malgré ces risques, Gabriel et Ana sont déterminés à accomplir leur mission et à protéger l'humanité.

Gabriel se remémore son expérience au sein de l'Ordre des Rose-Croix. Pendant sa formation, il avait appris l'art de la mort, qui consistait à se confronter à la finitude de l'existence pour mieux comprendre la nature de la vie.

C'est au cours de cette expérience qu'il a ouvert une porte, la porte des âmes des morts, qui lui a permis d'entrer en contact avec les défunts par la pensée. Cette capacité de communication télépathique avec les morts est un atout précieux dans sa mission, car elle peut lui permettre d'obtenir des informations sur les activités de la secte des reptiliens et de découvrir des indices cachés.

Cependant, cette capacité est également très dangereuse, car elle peut attirer l'attention des esprits malveillants et des entités négatives qui errent dans le monde des morts. Gabriel doit donc être très prudent lorsqu'il utilise cette capacité et s'assurer qu'il est bien protégé contre les influences négatives qui pourraient le menacer.

Grâce à son expérience avec l'art de la mort et la communication télépathique avec les morts, Gabriel peut accéder à une connaissance et une sagesse supérieures. En entrant en contact avec les âmes des défunts, il peut apprendre des leçons précieuses sur la vie, la mort et la nature de l'univers. Il peut également obtenir des informations sur les événements passés et présents, ainsi que sur les plans et les motivations des ennemis.

En outre, sa capacité à communiquer avec les morts peut lui permettre de se connecter avec des personnes décédées qui ont une influence importante sur les événements actuels. Il peut ainsi obtenir des conseils et des orientations des figures historiques ou mythologiques qui ont façonné l'histoire de l'humanité. Cela peut lui donner un avantage décisif dans sa mission, en lui permettant de comprendre les motivations et les objectifs de la secte des reptiliens d'un point de vue plus profond et plus éclairé.

Gabriel, en tant qu'agent secret, sait que la mission qui lui est confiée est extrêmement importante pour l'avenir de l'humanité. Il est conscient que la secte des reptiliens est prête à tout pour arriver à ses fins et qu'il ne doit pas faillir dans sa tâche.

C'est pourquoi il s'appuie sur toutes ses capacités psychiques pour mener à bien cette mission. Outre son don de télépathie et son entraînement militaire, il utilise également sa capacité à manipuler les éléments à sa guise pour vaincre les ennemis qui se dressent sur son chemin. Il peut faire jaillir des flammes, faire surgir des bourrasques de vent ou encore faire trembler le sol pour désorienter ses adversaires et leur infliger des dégâts.

De plus, il est capable de se rendre invisible aux yeux des autres grâce à sa maîtrise de l'art de la dissimulation. Cette capacité lui permet de se glisser discrètement dans les repaires de la secte sans être repéré et d'obtenir des informations cruciales pour l'avancement de sa mission.

Gabriel est également un expert en arts martiaux et peut se battre à mains nues avec une grande efficacité. Sa rapidité et sa précision lui permettent de neutraliser rapidement ses ennemis sans leur laisser la moindre chance de riposter.

En somme, toutes ces capacités font de Gabriel un agent secret redoutable et déterminé à mettre un terme aux plans maléfiques de la secte des reptiliens, et à sauver l'humanité de l'extermination.

Gabriel était capable de communiquer avec les animaux et les insectes grâce à ses pouvoirs psychiques. Il pouvait les comprendre et les influencer à sa guise, ce qui lui donnait un avantage considérable dans ses missions d'espionnage. Il utilisait souvent des essaims d'insectes pour distraire ou attaquer ses ennemis, ou des animaux pour infiltrer des zones difficilement accessibles.

En outre, Gabriel était capable de guérir les blessures et les maladies grâce à son pouvoir de manipulation de l'énergie vitale. Il pouvait canaliser cette énergie à travers son corps et l'utiliser pour réparer les tissus endommagés, régénérer les organes et restaurer la santé des personnes blessées.

Toutefois, ces pouvoirs étaient épuisants pour Gabriel, et il ne les utilisait qu'en cas d'urgence ou lorsque cela était absolument nécessaire. Il préférait se fier à ses compétences de combat et à son intelligence pour accomplir ses missions, n'utilisant ses pouvoirs que lorsque cela était absolument nécessaire.

Gabriel et Ana se préparaient pour leur mission en se synchronisant psychiquement. Ils s'assoyaient face à face, les yeux fermés, et se concentraient sur leur respiration pour calmer leur esprit. Ensuite, ils se connectaient mentalement en visualisant une sphère d'énergie dorée qui les enveloppait tous les deux.

Grâce à cette synchronisation, ils étaient en mesure de communiquer mentalement et de partager leurs pensées et leurs émotions en temps réel, ce qui leur donnait un avantage considérable sur le terrain. Ils pouvaient anticiper les mouvements de l'autre et travailler ensemble de manière fluide et coordonnée, comme s'ils ne faisaient qu'un.

Cette technique de synchronisation psychique était l'une des nombreuses tactiques que Gabriel et Ana avaient apprises ensemble au cours de leur formation à l'Ordre des Rose-Croix. Elle leur avait permis de devenir une équipe efficace et redoutable, capable de faire face à toutes sortes de situations dangereuses et imprévues.

Gabriel et Ana devaient faire face à des émotions intenses et à une grande pression psychologique. Cependant, grâce à leur entraînement et à leur synchronisation psychique, ils étaient en mesure de rester calmes et concentrés sur leur objectif.

Ils savaient que leur mission était d'une importance cruciale pour l'avenir de l'humanité, et ils étaient déterminés à réussir coûte que coûte. Ils éprouvaient un mélange de peur et d'excitation à l'idée de se confronter à un ennemi aussi puissant et dangereux que la secte des reptiliens, mais ils savaient que leur formation et leurs pouvoirs leur permettraient de faire face à tous les défis.

Dans ces moments critiques, la synchronisation psychique leur permettait de se soutenir mutuellement et de se rassurer, en partageant leurs pensées et leurs émotions en temps réel. Ils étaient en mesure de se concentrer sur leurs objectifs communs, de mettre de côté leurs peurs et leurs doutes, et de travailler ensemble pour atteindre leur but ultime: sauver l'humanité de l'extermination programmée par la secte des reptiliens.

Gabriel et Ana se concentrent profondément pour atteindre un état psychique avancé qui leur permet de contrôler leur corps à un niveau exceptionnel. Ils peuvent ralentir leur rythme cardiaque pour ressentir moins de stress, ajuster leur respiration pour augmenter leur concentration et leur calme mental, et contrôler leurs fluides corporels pour éviter de laisser des traces ou des indices lors de leur mission.

Malgré l'adrénaline et la peur qui peuvent accompagner les missions d'espionnage dangereuses, leur entraînement et leur état psychique leur permettent de rester calmes et concentrés, ce qui est crucial pour réussir leur mission et sauver l'humanité de l'extermination planifiée par les reptiliens.

Le maître des Rose-Croix a informé Gabriel et Ana que la secte des reptiliens a établi son quartier général dans une île isolée au milieu de l'océan Atlantique. La localisation exacte de l'île est inconnue, mais leur ordre a été en mesure de déterminer sa direction générale grâce à des renseignements récoltés auprès de sources diverses.

Gabriel et Ana doivent donc se préparer à une mission difficile et dangereuse en mer, sans savoir ce qu'ils vont trouver exactement sur cette île secrète de la secte des reptiliens. Ils devront faire face à des ennemis puissants et implacables, et devront faire preuve de courage, de ruse et de compétences exceptionnelles pour réussir leur mission et sauver l'humanité de l'extermination.

Gabriel et Ana se sont rendus à l'aéroport le plus proche et ont pris un vol privé jusqu'à une île isolée au milieu de l'océan Atlantique. Pendant le voyage, Gabriel s'est plongé dans une méditation profonde pour se préparer mentalement à leur mission. Ana, quant à elle, a pris le temps de réviser le plan de mission et de s'assurer que tout l'équipement était prêt.

Lorsqu'ils sont arrivés sur l'île, ils ont été accueillis par des membres de l'Ordre des Rose-Croix qui les ont escortés jusqu'au quartier général. Le trajet était long et ils ont traversé des forêts denses et des rivières tumultueuses. Ils ont dû se frayer un chemin à travers des passages étroits et des escaliers sinueux jusqu'à arriver dans une pièce secrète.

Le maître de l'Ordre était présent, accompagné de ses disciples. Il leur a expliqué que la secte des reptiliens avait mis en place une base secrète sur l'île et qu'ils devaient la localiser et la détruire avant qu'elle ne cause des dégâts irréparables à l'humanité. Gabriel et Ana ont écouté attentivement les instructions et ont pris des notes pour s'assurer qu'ils ne manqueraient aucun détail crucial.

Une fois les derniers préparatifs terminés, Gabriel et Ana ont commencé leur mission. Ils ont utilisé leurs pouvoirs psychiques pour repérer la base secrète et se sont infiltrés avec habileté. Leur entraînement militaire et leur expérience leur ont permis de surmonter toutes les épreuves qui se dressaient sur leur chemin. Finalement, ils ont réussi à localiser la source des ondes électromagnétiques et ont réussi à les neutraliser avant qu'il ne soit trop tard.

Maître: Bonjour Ana et Gaby, comment allez-vous?

Ana et Gaby: Bonjour Maître, nous allons bien, merci. Et vous?

Maître: Je vais bien, merci. Alors, comment se passe votre mission sur l'île?

Ana: Nous avons trouvé une source d'eau douce et nous avons commencé à construire notre abri.

Gaby: Nous avons également repéré des fruits et des légumes sauvages que nous pouvons manger.

Maître: C'est excellent! Il est important de trouver des sources de nourriture et d'eau dès que possible. Avez-vous rencontré des difficultés?

Ana: Nous avons eu du mal à trouver des matériaux de construction pour notre abri.

Gaby: Et il y a des animaux sauvages sur l'île qui nous inquiètent un peu.

Maître: Je comprends. Vous devez être prudents avec les animaux sauvages et toujours être à l'affût de tout danger potentiel. Pour votre abri, avez-vous cherché des matériaux de construction sur toute l'île?

Ana: Nous avons commencé à chercher, mais nous n'avons pas encore trouvé ce dont nous avons besoin.

Maître: Très bien. Continuez à chercher et soyez créatifs. Parfois, vous pouvez trouver des matériaux utiles dans des endroits inattendus. Et n'oubliez pas de faire attention aux conditions météorologiques. Les tempêtes tropicales peuvent être très dangereuses.

Gaby: Merci, Maître. Nous continuerons à être prudents et à travailler dur.

Ana: Oui, nous ferons de notre mieux pour réussir notre mission.

Maître: Je n'en doute pas. Vous êtes tous les deux des élèves brillants et je suis sûr que vous réussirez votre mission avec succès. Bonne chance et prenez soin de vous.

Ana: Gaby, je sens quelque chose de bizarre ici. J'ai l'impression que quelque chose émet des ondes électromagnétiques.

Gaby: Tu as peut-être raison, Ana. Je ressens aussi quelque chose d'étrange. Peut-être que nous sommes trop près d'une source électromagnétique.

Ana: Mais il n'y a rien ici qui pourrait émettre des ondes électromagnétiques, à part peut-être notre radio, mais elle ne devrait pas émettre autant.

Gaby: C'est vrai. Et nous ne pouvons pas partir maintenant, il fait nuit et nous devons rester ici.

Ana: Que devrions-nous faire alors?

Gaby: Je pense que nous devrions essayer de trouver l'origine de ces ondes électromagnétiques et essayer de les isoler.

Ana: C'est une bonne idée, mais nous devons être prudents. Nous ne savons pas ce que c'est ni comment cela pourrait affecter notre santé.

Gaby: Tu as raison. Nous devrions peut-être utiliser un détecteur d'ondes électromagnétiques pour localiser la source.

Ana: D'accord, je vais essayer d'utiliser la radio pour trouver l'origine des ondes électromagnétiques.

Gaby: Pendant ce temps, je vais chercher des branches pour construire une barrière autour de notre abri pour bloquer les ondes électromagnétiques.

Ana: Bonne idée, allons-y.

Après quelques minutes, Ana trouve la source des ondes électromagnétiques.

Ana: Gaby, j'ai trouvé la source. C'est un générateur d'électricité abandonné sur la plage.

Gaby: Je vois. Nous devons l'isoler pour que les ondes électromagnétiques ne nous atteignent pas.

Ana: D'accord. Allons-y.

Ils construisent rapidement une barrière autour de leur abri pour bloquer les ondes électromagnétiques.

Gaby: J'espère que cela suffira.

Ana: Oui, espérons-le. Maintenant, nous pouvons dormir en paix. Demain matin, nous trouverons un moyen de nous éloigner de cette source d'ondes électromagnétiques.

Gaby: D'accord, bonne nuit Ana.

Ana: Bonne nuit, Gaby.

Le lendemain matin, Ana et Gaby se réveillent tôt et commencent à explorer l'île. Ils se dirigent vers l'est de l'île où ils n'étaient pas encore allés.

Gaby: Regarde Ana, il y a une forêt dense là-bas. Nous devrions y aller et chercher de la nourriture.

Ana: D'accord, allons-y. Mais soyons prudents, il pourrait y avoir des animaux sauvages.

Ils marchent pendant un moment et entrent dans la forêt dense. Ils trouvent des fruits et des légumes comestibles et les mettent dans leur sac.

Ana: Regarde Gaby, il y a une colline là-bas. On devrait aller y jeter un coup d'œil.

Gaby: D'accord, allons-y.

Ils grimpent la colline et arrivent au sommet. La vue est incroyable. Ils peuvent voir tout l'île et même au-delà de l'océan.

Gaby: C'est magnifique. Je n'ai jamais vu une telle vue.

Ana: Moi non plus. C'est incroyable. Regarde, il y a une plage là-bas. Nous devrions y aller plus tard.

Gaby: Bonne idée. Mais regarde aussi là-bas, il y a une grotte. On devrait y jeter un coup d'œil.

Ana: Oui, allons-y.

Ils descendent la colline et se dirigent vers la grotte. À l'intérieur, ils trouvent des dessins sur les murs.

Ana et Gaby rentrent dans la grotte et examinent de plus près les inscriptions étranges sur les murs. Soudain, Gaby remarque une carte dessinée sur un pan de mur.

Gaby: Regarde Ana, cette carte est très intéressante. On dirait qu'elle montre l'emplacement d'une grotte secrète.

Ana: C'est étrange. Je me demande à quoi cela peut bien correspondre.

Gaby: Peut-être que cette grotte est importante pour la secte des reptiliens dont nous avons entendu parler.

Ana: Oui, c'est possible. Mais pourquoi dessiner une carte sur le mur de cette grotte?

Gaby: Peut-être pour la cacher aux yeux des étrangers. Cette île semble être un lieu important pour eux.

Ana: Oui, tu as raison. Mais comment allons-nous trouver cette grotte secrète?

Gaby: Nous devrions essayer de suivre la carte et voir où elle nous mène.

Ils étudient la carte de plus près et décident de partir à la recherche de la grotte secrète. Après une longue marche à travers la forêt dense, ils arrivent à un endroit isolé près de la plage.

Gaby: Regarde Ana, il y a une ouverture ici. Je pense que c'est la grotte secrète que nous cherchions.

Ana: Wow, c'est incroyable. Comment as-tu su que c'était ici?

Gaby: La carte nous a menés ici. C'était un peu difficile à suivre, mais nous avons réussi.

Ana: D'accord, allons voir ce qu'il y a à l'intérieur.

Ils pénètrent dans la grotte et découvrent un sanctuaire souterrain. Il y a des symboles étranges sur les murs et une statue de serpent au centre de la pièce.

Gaby: C'est effrayant. Je ne me sens pas très à l'aise ici.

Ana: Moi non plus. Mais regarde, il y a un livre ici. Peut-être qu'il y a des réponses à nos questions.

Gaby: Oui, tu as raison. Regardons ce qu'il y a dedans.

Ana et Gaby étaient assis au milieu de la grotte secrète, le livre entre leurs mains. Les révélations qu'ils avaient découvertes étaient choquantes et incroyables.

Gaby: Je n'arrive pas à croire ce que je lis. Les membres de la secte des reptiliens sont des êtres hybrides, mi-humains, mi-reptiles.

Ana: C'est incroyable. Mais cela expliquerait pourquoi les gens disent qu'ils ont des pouvoirs incroyables.

Gaby: Oui, apparemment ils ont des capacités de régénération et de guérison incroyables. Et ils ont des connaissances scientifiques avancées sur la technologie et les sciences médicales.

Ana: Mais pourquoi chercheraient-ils à prendre le contrôle de la planète?

Gaby: Selon ce que j'ai lu ici, ils croient que les êtres humains sont inférieurs et qu'ils ont besoin d'être contrôlés pour éviter que la planète ne soit détruite.

Ana: C'est une mentalité vraiment effrayante. Mais comment allons-nous utiliser cette information pour aider à protéger la planète?

Gaby: Nous devons être prudents, mais nous pourrions partager cette information avec des groupes de défense des droits de l'homme et d'autres organisations qui travaillent à la protection de l'environnement. Nous pourrions également essayer de contacter des scientifiques et des experts pour voir s'ils peuvent trouver des moyens de contrer les plans de la secte des reptiliens.

Ana: Oui, cela semble être une bonne idée. Mais nous devons également être prudents. Nous ne savons pas comment ils réagiront s'ils apprennent que nous avons découvert leur secret.

Gaby: Absolument. Nous devons garder cette information en sécurité et être très prudents quant à la façon dont nous l'utilisons.

Ana: D'accord, je suis d'accord. Nous devons réfléchir à la meilleure façon d'utiliser cette information pour aider à protéger la planète.

Gaby: Oui, nous devons agir avec prudence et réflexion, mais nous avons maintenant une nouvelle perspective sur les plans de la secte des reptiliens et nous sommes mieux armés pour faire face à leurs plans.

Ils ouvrent le livre et découvrent des révélations choquantes sur la secte des reptiliens. Ils apprennent que les membres de la secte sont des êtres hybrides, mi-humains, mi-reptiles, et qu'ils ont pour objectif de prendre le contrôle de la planète.

Ana: C'est incroyable. Nous avons découvert leur secret.

Gaby: Oui, mais nous devons être prudents. Nous ne savons pas comment ils vont réagir si nous révélons ce que nous avons découvert.

Ana: Oui, tu as raison. Nous devons être très prudents. Mais au moins nous savons la vérité maintenant.

Gaby: Oui, c'est vrai. Mais pour l'instant, nous devrions sortir d'ici et retourner à notre abri.

Ana: D'accord, partons d'ici.

Ils quittent la grotte secrète et se dirigent vers leur abri, se demandant ce que l'avenir leur réserve et comment ils pourront utiliser cette information pour aider à protéger la planète.

Ana: Regarde Gaby, ces dessins sont magnifiques. On dirait qu'ils ont été faits il y a des siècles.

Gaby: C'est incroyable. Je me demande qui les a faits.

Ana: Nous ne le saurons peut-être jamais, mais c'est fascinant. Regarde ces symboles, on dirait qu'ils représentent quelque chose.

Gaby: Oui, peut-être que c'est une carte ou quelque chose comme ça.

Ana: Peut-être. Mais pour l'instant, nous devrions retourner à notre abri et trier la nourriture que nous avons trouvée.

Gaby: D'accord, rentrons.

Ils retournent à leur abri, trient leur nourriture et discutent de ce qu'ils ont vu.

Ana: Cette île est incroyable. Il y a tellement de choses à explorer.

Gaby: Oui, et nous n'avons même pas tout vu. Nous devrions continuer à explorer et voir ce que nous pouvons trouver.

Ana: D'accord, demain matin, nous irons à la plage et peut-être que nous pourrons trouver quelque chose d'intéressant.

Gaby: D'accord, bonne idée. Mais pour l'instant, nous devrions nous reposer. Nous avons eu une longue journée.

Ana: Oui, tu as raison. Bonne nuit Gaby.

Gaby: Bonne nuit Ana.

Gabriel, ayant mémorisé le livre, se remémora une partie importante de son contenu. Il se souvint d'un passage où il était écrit que, dans une époque ancestrale, les reptiliens avaient régné sur la planète.

Gabriel: Ana, Gaby, j'ai trouvé quelque chose de vraiment intéressant dans le livre. Il est écrit que les reptiliens ont déjà régné sur la planète dans une époque ancestrale.

Ana: Vraiment? C'est incroyable. Mais comment est-ce possible?

Gaby: Selon ce que nous avons découvert, les reptiliens sont des êtres très avancés, scientifiquement et technologiquement parlant. Il est donc possible qu'ils aient eu le pouvoir de régner sur la planète à un moment donné.

Gabriel: Oui, et il est également écrit qu'ils ont été renversés par une force inconnue. Les légendes disent que ce sont les anges déchus qui les ont vaincus et chassés de la planète.

Ana: C'est vraiment incroyable. Mais cela signifie-t-il que les reptiliens cherchent maintenant à reprendre le contrôle de la planète?

Gaby: C'est possible. Nous savons qu'ils ont des plans pour prendre le contrôle de la planète et imposer leur vision du monde. Nous devons rester vigilants et prêts à agir si nécessaire.

Gabriel: Oui, je suis d'accord. Nous devons utiliser cette information pour mieux comprendre la situation et trouver des moyens de protéger la planète.

Ana: Absolument. Nous devons être prêts à faire face à tout ce qui pourrait arriver. Nous avons déjà fait de grandes découvertes, mais il y a encore beaucoup à découvrir et à comprendre.

Ana regarda Gaby, les sourcils froncés, se demandant s'il y avait encore plus d'informations inquiétantes à découvrir dans le livre.

Ana: Gaby, te souviens-tu d'autre chose de grave que nous aurions pu manquer?

Gaby: Eh bien, il y a cette autre partie du livre qui parle des sacrifices humains. Selon le livre, la secte des reptiliens pratique des sacrifices humains pour leurs rituels.

Ana: Oh mon dieu, c'est horrible. Nous devons en faire plus pour arrêter ces gens.

Gabriel: Je suis d'accord. Nous ne pouvons pas rester les bras croisés et laisser ces sacrifices se produire. Nous devons faire quelque chose pour mettre fin à cela.

Gaby: Mais comment allons-nous faire ça? Nous ne pouvons pas simplement marcher dans leur base et les arrêter.

Ana: Nous devons peut-être contacter les autorités compétentes pour signaler ce qui se passe. Nous pourrions également essayer de trouver des preuves pour les aider à enquêter sur la secte.

Gaby: Oui, c'est une bonne idée. Nous devons travailler avec les autorités pour mettre fin à ces pratiques inhumaines.

Gabriel: Mais nous devons être prudents. Nous ne savons pas comment la secte va réagir si elle découvre que nous essayons de les arrêter.

Ana: C'est vrai. Nous devons être prêts à faire face à tout ce qui pourrait arriver. Mais nous ne pouvons pas rester silencieux face à de telles atrocités.

Gaby: Absolument. Nous devons agir avec prudence, mais nous devons agir. Nous avons maintenant une responsabilité envers les victimes de cette secte, et nous ne pouvons pas les laisser souffrir davantage.

Gabriel frissonna à l'idée de ce que la secte des reptiliens était capable de faire.

Gabriel: Je viens de me rappeler d'un autre passage inquiétant du livre. Il parle de leur pratique de la "science de l'énergie corporelle". Apparemment, ils sont capables d'aspirer l'énergie de toute forme de vie et de l'emprisonner dans des bombonnes énergétiques.

Ana: Quoi? C'est incroyablement effrayant. Comment peuvent-ils faire ça?

Gaby: Apparemment, leur connaissance de la science et de la technologie est très avancée. Ils ont développé des techniques qui leur permettent de manipuler l'énergie à leur avantage.

Gabriel: Oui, et le livre dit aussi que ces bombonnes énergétiques sont utilisées pour alimenter leurs machines et leur technologie avancée.

Ana: C'est vraiment terrifiant. Nous devons tout faire pour arrêter cette secte avant qu'elle ne cause plus de dégâts.

Gaby: Mais comment pouvons-nous les arrêter? Nous sommes trois personnes contre toute une secte. C'est un combat inégal.

Gabriel: Nous devons continuer à creuser et trouver des informations. Nous devons trouver leurs points faibles et trouver des moyens de les vaincre.

Ana: Et nous ne pouvons pas oublier que nous avons des alliés. Nous pouvons chercher l'aide des autorités ou d'autres personnes qui partagent notre cause.

Gaby: C'est vrai. Nous ne sommes peut-être pas seuls dans ce combat. Nous devons continuer à chercher des alliés et à travailler ensemble pour vaincre la secte des reptiliens.

Gabriel: Nous avons encore beaucoup de travail à faire. Mais nous ne pouvons pas abandonner. Nous devons continuer à avancer et à trouver des moyens de mettre fin à leurs pratiques inhumaines.

Ana frissonna en entendant les nouvelles informations que Gabriel venait de partager. Elle ne pouvait pas croire à quel point la secte des reptiliens était cruelle et impitoyable.

Ana: Gabriel, peux-tu nous en dire plus sur ce que tu as trouvé dans le livre ?

Gabriel: Oui, il y a encore plus d'informations troublantes. La secte des reptiliens aspire également l'énergie spychique et la décomposition de l'ADN humain.

Gaby: Quoi ? Comment est-ce possible ?

Gabriel: D'après le livre, la secte a développé des moyens de collecter l'énergie de l'espionnage et de la décomposition de l'ADN humain pour alimenter leurs machines et leurs technologies.

Ana: C'est horrible. Comment peuvent-ils faire ça ? Et pourquoi ?

Gabriel: Apparemment, la secte croit qu'en collectant cette énergie, ils peuvent augmenter leur propre pouvoir et leur capacité à contrôler le monde.

Gaby: C'est fou. Ils ne se soucient pas de la vie humaine du tout.

Gabriel: Exactement. C'est pourquoi nous devons continuer à travailler ensemble pour arrêter la secte des reptiliens. Nous ne pouvons pas les laisser continuer à causer de tels dégâts.

Ana: Nous devons trouver un moyen de les arrêter avant qu'ils ne fassent encore plus de mal.

Gaby: Mais comment pouvons-nous les arrêter ? Ils sont puissants et bien organisés.

Gabriel: Nous ne devons pas abandonner. Nous devons continuer à chercher des informations et à trouver des alliés. Ensemble, nous pouvons vaincre la secte des reptiliens et les empêcher de nuire à davantage de personnes.

Ana, Gabriel et Gaby étaient stupéfaits lorsque l'animal étrange leur parla par télépathie. Ils échangèrent un regard perplexe avant que l'animal ne continue.

L'animal télépathe était étonnamment grand, même pour les normes de la faune de l'île. Il avait des poils bruns et soyeux, des griffes pointues et des yeux profonds et intelligents qui semblaient regarder dans votre âme. Sa fourrure brillait sous le soleil de l'île, révélant des nuances chatoyantes de rouge et de brun. Son pelage était ébouriffé, donnant l'impression qu'il venait de sortir d'un long sommeil.

Le plus étonnant chez cet animal était cependant sa capacité à communiquer par télépathie. Ses paroles n'avaient pas besoin d'être prononcées, mais semblaient plutôt se matérialiser dans l'esprit de ses interlocuteurs. Il semblait connaître beaucoup de choses sur l'île, sur la secte des reptiliens et sur leur mission. Il avait une présence apaisante et rassurante, et ils pouvaient sentir sa détermination à les aider à vaincre la secte.

L'animal télépathe leur parla du passé sombre de son peuple. Il leur expliqua que les membres de la secte des reptiliens avaient autrefois conquis leur monde et avait décimé leur race en utilisant leur technologie de désintégration. Ils avaient capturé de nombreux membres de son espèce et les avaient enfermés dans des bombonnes énergétiques, les privant de leur liberté et de leur vie. Cela avait causé une grande douleur et un immense chagrin à son peuple.

Cependant, certains membres de sa race avaient réussi à s'échapper et à former une résistance contre la secte. Ils avaient juré de vaincre la secte des reptiliens et de libérer tous ceux qui avaient été capturés.

L'animal télépathe leur dit qu'ils étaient une lueur d'espoir pour lui et pour sa race. Le fait qu'ils soient venus sur l'île et qu'ils aient trouvé le livre et la carte était un signe que leur mission était importante. Il les encouragea à poursuivre leur mission et à vaincre la secte, afin que plus personne ne souffre sous leur domination.

L'animal: Je suis envoyé pour vous aider. La secte des reptiliens est sur vos traces et elle vous traque depuis que vous êtes sur l'île. Ils ne tarderont pas à vous trouver et ils vous feront subir le même sort que les autres victimes.

Ana: Quel sort ? De quoi parlez-vous ?

L'animal: La secte des reptiliens utilise une technologie pour désintégrer les êtres vivants et aspirer leur énergie. Ils ont déjà fait souffrir beaucoup de vies.

Gaby: C'est horrible. Que pouvons-nous faire pour les arrêter ?

L'animal: Vous devez quitter cette île immédiatement. Je vous aiderai à atteindre un endroit sûr où vous pourrez continuer votre mission de vaincre la secte.

Gabriel: Mais comment pouvons-nous vous faire confiance ? Qui êtes-vous ?

L'animal: Je suis un allié de la résistance contre la secte des reptiliens. Mon peuple a souffert de leur domination pendant des siècles, et nous nous sommes jurés de les vaincre.

Ana: Très bien, nous vous suivrons. Mais nous avons encore besoin de trouver des alliés pour nous aider à vaincre la secte.

L'animal: Ne vous inquiétez pas, nous avons des alliés partout. Vous trouverez bientôt des gens qui se battront à vos côtés. Mais pour l'instant, nous devons quitter cette île.

L'animal télépathe expliqua aux deux explorateurs que la secte des reptiliens avait développé une technologie d'aspiration spirituelle qui leur permettait de capturer et d'emprisonner l'âme des êtres vivants. Ils utilisaient cette technologie pour aspirer l'énergie vitale de toute forme de vie, y compris celle de son peuple.

Cependant, l'animal télépathe leur dit qu'il savait où se trouvait l'âme de son peuple capturée par la secte. Il leur dit qu'elle était conservée dans une salle secrète, cachée quelque part sur l'île. Cette salle était protégée par des dispositifs de sécurité sophistiqués, mais il était convaincu qu'ils pourraient la trouver et la détruire.

L'animal télépathe leur donna également des informations précieuses sur la manière de contrer les capacités de la secte des reptiliens. Il leur dit qu'ils devaient se concentrer sur leur propre énergie intérieure et utiliser leur propre force pour vaincre la secte.

Il les exhorta à poursuivre leur mission avec courage et détermination, afin qu'ils puissent sauver l'île et libérer tous ceux qui avaient été capturés et emprisonnés par la secte des reptiliens.

Ana posa la question à l'animal télépathe, "Comment te nommes-tu ?".

L'animal télépathe répondit, "Mon nom est Zorax. Je suis un membre de la race des Zoraxiens, un peuple pacifique qui a été réduit en esclavage et décimé par la secte des reptiliens. Nous avons été forcés de travailler pour eux et de leur fournir notre énergie vitale pendant des années. Mais j'ai réussi à m'échapper et à trouver refuge ici, sur cette île. Depuis, j'ai cherché à vaincre la secte des reptiliens et à libérer mon peuple et toutes les autres formes de vie qui ont été capturées."

Ils suivirent l'animal à travers la jungle

Nos amis suivirent Zorax à travers la jungle dense de l'île, en évitant les nombreux dangers qui les attendaient. Ils durent traverser des rivières tumultueuses, grimper sur des falaises escarpées et se frayer un chemin à travers une végétation dense et hostile.

Ils firent face à de nombreux animaux sauvages

Nos amis firent face à de nombreux animaux sauvages tout au long de leur voyage à travers la jungle dense de l'île. Ils rencontrèrent des crocodiles énormes et affamés qui se prélassaient au soleil sur les rives des rivières. Ils durent également éviter des serpents venimeux qui se glissaient furtivement à travers les buissons.

Les singes étaient partout dans les arbres, hurlant et criant en lançant des fruits pourris sur eux. Les araignées géantes tissaient des toiles de la taille d'un homme et se balançaient de branche en branche, menaçantes et prêtes à attaquer. Des oiseaux exotiques aux cris stridents traversaient le ciel, tandis que des grenouilles géantes sautaient d'un marécage à l'autre.

Nos amis durent être très prudents pour éviter les pièges naturels de la jungle, tels que les sables mouvants et les fosses cachées. Ils rencontrèrent également des prédateurs redoutables, comme des jaguars affamés qui les pourchassaient à travers la jungle. Heureusement, grâce à leur persévérance et à leur esprit d'équipe, ils purent surmonter tous les obstacles et poursuivre leur quête.

Des serpents venimeux et des araignées géantes, mais grâce à la sagesse de Zorax et à leur propre courage, ils réussirent à éviter tous les pièges mortels.

Après avoir été piquée par le serpent, Ana ressentit une douleur aiguë dans tout le corps, ainsi qu'une brûlure intense et une enflure au site de la piqûre. Elle commença également à avoir des nausées, des vertiges et une faiblesse générale.

Gaby, utilisant ses pouvoirs psychiques, parvint à inoculer l'antidote dans le corps d'Ana, mais le processus fut très douloureux pour elle. Ana perdit conscience pendant un certain temps, tandis que Gaby exerçait une pression psychique sur son corps pour évacuer les toxines du poison.

Au bout d'un moment, Ana commença à reprendre connaissance, mais elle était toujours faible et désorientée. Elle avait des sueurs froides, une respiration irrégulière et des tremblements. Gaby la rassura et la réconforta, en lui promettant qu'elle allait bien se remettre et en prenant soin d'elle jusqu'à ce qu'elle retrouve des forces.

Malheureusement, le malheur ne quittait pas nos amis. Peu de temps après avoir été piquée par le serpent, Ana se fit piquer par une araignée géante. La réaction était encore plus violente que la précédente, et Ana perdit connaissance presque immédiatement. Gaby était effrayé, car il savait que cette situation était très grave.

Zorax, toujours présent, connaissait une substance qui pourrait aider Ana à surmonter cette nouvelle épreuve. Il partit donc à la recherche de cette substance, tandis que Gaby restait auprès d'Ana pour la surveiller. Heureusement, Zorax trouva rapidement la substance et revint pour administrer le remède à Ana. Le traitement fut long et douloureux, mais il fonctionna finalement, et Ana commença à récupérer.

Pendant les jours qui suivirent, Ana resta faible et fiévreuse, mais elle finit par se rétablir complètement grâce aux soins attentifs de Gaby et à l'aide de Zorax. Ils profitèrent de ce temps de repos forcé pour se reposer, réfléchir et préparer la suite de leur mission.

Ils rencontrèrent également des membres de la secte des reptiliens, qui tentèrent de les arrêter à plusieurs reprises. Les membres de la secte étaient puissants et dangereux, dotés d'une force physique et mentale extraordinaire. Mais nos amis réussirent à les vaincre grâce à leur propre force intérieure et à leur détermination sans faille.

Pendant leur périple sur l'île, Ana, Gaby et Zorax ont également eu la malchance de rencontrer des membres de la secte des reptiliens. Ils les ont observés à distance et ont assisté à leurs pratiques de sacrifice. Ils ont été choqués de voir que les membres de la secte n'avaient aucun scrupule à tuer des êtres vivants pour aspirer leur énergie et renforcer leur propre pouvoir.

Ana, Gaby et Zorax ont assisté à une scène terrifiante de sacrifice rituel de la secte des reptiliens. Ils ont vu un groupe de membres de la secte rassemblés autour d'un autel, qui était couvert d'objets étranges et de symboles mystérieux.

Au centre de l'autel se trouvait une victime, un petit animal inoffensif qui avait été capturé et immobilisé. Les membres de la secte ont commencé à chanter des incantations en langue étrangère, tandis que le chef de la secte, un reptilien imposant, tenait un couteau sacrificiel.

Soudain, le chef de la secte a plongé le couteau dans la poitrine de la victime et a commencé à l'agoniser. Les membres de la secte ont commencé à se nourrir de l'énergie qui se dégageait de l'animal, le transformant en une boule d'énergie scintillante.

Ana, Gaby et Zorax étaient horrifiés par ce qu'ils voyaient et ont décidé qu'ils devaient faire quelque chose pour empêcher cette pratique barbare. Ils ont réalisé que la secte était une menace pour tous les êtres vivants et qu'ils devaient agir rapidement pour la stopper.

Nos amis ont compris que la secte était prête à tout pour arriver à ses fins, même s'il fallait sacrifier des êtres vivants innocents pour y parvenir. Ils se sont promis de mettre fin à ces pratiques barbares et de protéger tous les êtres vivants contre la menace de la secte.

Cet événement a renforcé leur détermination à découvrir la vérité sur la secte des reptiliens et à mettre un terme à ses agissements criminels.

Finalement, ils atteignirent la salle secrète où les âmes capturées étaient conservées. La salle était protégée par des dispositifs de sécurité sophistiqués, mais grâce aux connaissances de Zorax et à l'ingéniosité de Gabriel, ils réussirent à les désactiver et à libérer les âmes emprisonnées.

La salle était cachée derrière une porte massive en pierre, qui avait l'air très ancienne. Zorax a utilisé ses pouvoirs télékinétiques pour ouvrir la porte et ils sont entrés. À l'intérieur, ils ont vu des centaines de bocaux, chacun contenant une boule d'énergie scintillante.

Ana et Gaby ont senti une vague de tristesse et de désespoir en entrant dans la pièce, car ils savaient que chaque boule d'énergie était l'âme d'un être vivant qui avait été capturé et piégé par la secte. Zorax leur a expliqué que la secte utilisait ces âmes pour alimenter leur technologie d'aspiration spirituelle.

Ana et Gaby ont alors commencé à utiliser leur propre pouvoir pour libérer les âmes capturées. Ils ont touché chaque bocal et ont envoyé une vague de leur propre énergie vers les boules d'énergie piégées à l'intérieur. Peu à peu, les boules d'énergie ont commencé à se dissoudre et les âmes ont été libérées.

Nos amis ont trouvé les âmes capturées par la secte des reptiliens dans des bombonnes énergétiques. Ils ont travaillé ensemble pour ouvrir les bombonnes et libérer les âmes. Une fois les âmes libérées, ils ont utilisé les pouvoirs psychiques de Gaby et Ana pour les aider à retrouver leur forme physique et mentale d'origine. Zorax a également aidé en utilisant une technologie avancée pour aider à réintégrer les âmes dans leurs corps physiques et spirituels. Après avoir retrouvé leur forme physique et mentale, le peuple de Zorax était extrêmement reconnaissant envers nos amis et Zorax leur a promis de les aider dans leur mission de mettre fin à la secte des reptiliens.

C'était un moment émouvant pour nos amis, car ils ont réalisé qu'ils avaient réussi à sauver de nombreuses vies. Ils ont décidé qu'ils devaient continuer leur mission pour détruire la secte des reptiliens et mettre fin à leur pratique cruelle et barbare une fois pour toutes.

Le peuple de Zorax était là, épuisé et affaibli, mais heureux d'être enfin libéré de leur captivité. Nos amis les aidèrent à retrouver leur force et leur vitalité, et avec leur aide, ils purent vaincre la secte des reptiliens une fois pour toutes et rendre l'île sûre pour toutes les formes de vie.

Nos amis ont remarqué que le peuple de Zorax était très affaibli après avoir été capturé pendant si longtemps par la secte des reptiliens. Zorax a discuté avec eux pour savoir comment ils allaient et ce dont ils avaient besoin pour récupérer. Il a également exprimé sa gratitude envers nos amis pour avoir aidé à libérer son peuple.

Zorax a expliqué que son peuple avait été capturé parce que les reptiliens étaient en train d'aspirer leur énergie spirituelle pour renforcer leur propre pouvoir. Ils ont été gardés en captivité pendant des années, souffrant et perdant leur force vitale, jusqu'à ce que nos amis les libèrent.

Zorax a également expliqué que son peuple était en mesure de guérir assez rapidement grâce à leur technologie avancée, mais qu'ils auraient besoin de temps pour retrouver leur force vitale et leur vitalité.

Nos amis ont promis de rester avec eux et de les aider autant que possible dans leur rétablissement.

Zorax a demandé à son peuple comment ils allaient et comment ils s'étaient sentis pendant leur captivité. Les membres de son peuple ont exprimé leur tristesse et leur douleur en racontant les différentes manières dont ils avaient été maltraités et exploités par les reptiliens.

Ils ont expliqué comment leur énergie vitale avait été aspirée et comment ils avaient été maintenus en captivité pendant de nombreuses années, souffrant de diverses maladies et infections. Ils ont également parlé de leur peur constante et de leur sentiment d'impuissance face à leurs ravisseurs.

Zorax a écouté attentivement leur histoire et a exprimé sa tristesse et sa colère face à leur traitement. Il leur a promis qu'ils allaient se remettre et guérir, mais qu'ils devraient prendre leur temps pour retrouver leur vitalité et leur force.

Il a également assuré à son peuple que la secte des reptiliens paierait pour ses crimes et que justice serait rendue pour tout ce qu'ils avaient fait subir à son peuple et à d'autres êtres vivants sur la planète.

Nos amis ont été témoins de cette conversation et ont offert leur soutien et leur aide à Zorax et à son peuple pour leur permettre de se rétablir.

Après avoir libéré le peuple de Zorax, nos amis ont dû faire face à de nouveaux obstacles pour quitter l'île. Ils ont dû marcher pendant des heures à travers la jungle, évitant les pièges des membres de la secte des reptiliens qui étaient à leur poursuite.

Finalement, ils ont atteint une crique cachée où se trouvait un petit bateau. Zorax et son peuple ont pris place à bord, soulagés d'avoir échappé à leur captivité. Ana et Gaby ont pris les commandes du bateau, naviguant à travers les eaux dangereuses entourant l'île.

Cependant, ils n'étaient pas encore sortis d'affaire. Les membres de la secte avaient découvert leur fuite et avaient envoyé des navires à leur poursuite. Ana et Gaby ont dû manœuvrer habilement le bateau pour éviter les tirs ennemis et trouver une issue.

Après des heures de navigation éprouvantes, nos amis ont finalement atteint la côte et ont accosté sur une plage isolée. Zorax et son peuple étaient en sécurité, mais ils avaient besoin de soins et de nourriture pour se remettre de leur captivité.

Ana et Gaby ont pris soin d'eux, leur fournissant des médicaments et de la nourriture. Zorax a exprimé sa gratitude envers eux, promettant de les aider si jamais ils en avaient besoin.

Finalement, nos amis ont pris congé de Zorax et de son peuple, sachant qu'ils avaient accompli une mission importante en les libérant de leur captivité. Ils ont repris leur voyage, conscients que de nouveaux défis les attendaient à l'avenir.. Ils partirent vers le large, regardant l'île disparaître à l'horizon. Ils étaient inquiets pour leur mission, mais ils savaient qu'ils avaient un allié qui les guiderait vers la victoire.

Zorax suggéra qu'ils devraient se rendre à la ville la plus proche pour enquêter. Il avait entendu dire qu'il y avait un certain nombre de personnes qui semblaient suspectes et qu'il pourrait être possible de les traquer. Ana et Gaby acquiescèrent et décidèrent de prendre le bateau pour se rendre à la ville.

Une fois arrivés, ils se faufilèrent dans la ville en se dissimulant dans l'ombre, cherchant des indices et observant les allées et venues des gens. Ils finirent par repérer un groupe de personnes qui semblaient se comporter de manière étrange et qui attiraient l'attention. Ils décidèrent de les suivre discrètement.

Ils furent bientôt conduits à une grande maison où ils entendirent des bruits étranges venant de l'intérieur. Ana et Gaby s'approchèrent prudemment de la maison et, en regardant à l'intérieur, virent des membres de la secte en train de mener un rituel. Ils virent également plusieurs bombonnes énergétiques remplies d'âmes capturées.

Sans perdre de temps, Ana et Gaby décidèrent d'agir. Ils attaquèrent les membres de la secte, les neutralisant un par un, tout en libérant les âmes emprisonnées dans les bombonnes. Après avoir éliminé tous les membres de la secte, ils détruisirent leur laboratoire et récupérèrent les documents qui contenaient toutes les informations sur leur activité criminelle.

Finalement, Ana et Gaby rendirent compte de leur mission au maître, qui les félicita pour leur courage et leur détermination à sauver le monde de la menace de la secte des reptiliens.

Ana et Gaby retournèrent auprès du maître et lui firent un compte-rendu détaillé de leur mission sur l'île. Ils lui racontèrent comment ils avaient découvert les activités de la secte des reptiliens et comment ils avaient libéré le peuple de Zorax.

Le maître les écouta attentivement et leur posa des questions sur les détails de leur aventure. Il fut impressionné par leur courage et leur détermination à découvrir la vérité et à aider les autres.

Finalement, il leur donna une nouvelle mission : enquêter sur une mystérieuse organisation qui semblait travailler dans l'ombre pour renverser les gouvernements en place. Ana et Gaby acceptèrent la mission avec détermination, sachant qu'elle était aussi importante que la précédente.

Ils repartirent vers de nouvelles aventures, prêts à affronter tous les défis qui se présenteraient sur leur chemin.

Ana et Gaby furent surpris de cette nouvelle mission, mais ils étaient prêts à relever le défi. Le maître leur donna quelques informations sur l'organisation, mais il leur dit également que cela ne serait pas facile et qu'ils devaient être prêts à tout.

Ils partirent donc pour leur nouvelle mission, prêts à découvrir les secrets de cette organisation. Ils rencontrèrent des personnes qui semblaient être impliquées, infiltrèrent des bâtiments, et collectèrent des preuves.

Ils découvrirent que l'organisation avait des ramifications dans de nombreux pays, et qu'elle utilisait des moyens illégaux pour arriver à ses fins. Ils étaient en train de rassembler suffisamment de preuves pour l'arrêter, mais ils savaient que cela ne serait pas facile.

Finalement, après des semaines d'enquête, ils avaient suffisamment de preuves pour arrêter les membres les plus importants de l'organisation. Ils travaillèrent avec les autorités locales pour les arrêter, et finalement, ils furent tous traduits en justice.

Ana et Gaby rentrèrent chez eux, épuisés mais fiers de leur mission accomplie. Ils savaient qu'il y avait encore beaucoup de travail à faire, mais ils étaient prêts à affronter n'importe quoi pour protéger leur monde.

Gabriel et Ana étaient choqués par leur découverte. Ils avaient trouvé des preuves que la secte des reptiliens avait réussi à infiltrer les gouvernements et les institutions les plus influentes du monde en prenant le contrôle de l'esprit de certaines personnes. Ils étaient très inquiets pour la sécurité de la planète et de ses habitants.

Ils décidèrent de retourner immédiatement auprès du maître pour lui faire part de leur découverte. Celui-ci les écouta attentivement et leur donna des instructions pour poursuivre leur enquête en toute discrétion. Il leur conseilla de travailler avec un petit groupe de personnes de confiance pour éviter d'attirer l'attention de la secte.

Gabriel et Ana se mirent donc à la recherche de personnes compétentes et dignes de confiance pour les aider dans leur mission. Ils recrutèrent des hackers talentueux, des experts en sécurité informatique et des spécialistes de la politique et de la géopolitique.

Ils commencèrent à collecter des informations sur les membres de la secte infiltrés dans les gouvernements et les institutions du monde entier. Ils avaient accès à des informations sensibles qui leur permettaient de suivre les mouvements des membres de la secte et de découvrir leurs plans.

Au fil des semaines, ils réussirent à infiltrer les réseaux de communication de la secte et à recueillir des preuves irréfutables de leur complot pour renverser les gouvernements du monde entier. Ils découvrirent que les membres de la secte avaient déjà pris le contrôle de certains gouvernements et qu'ils étaient en train de préparer des attaques contre d'autres.

Gabriel et Ana savaient qu'ils devaient agir vite pour empêcher la secte de mettre son plan à exécution. Ils travaillèrent jour et nuit pour trouver des moyens de stopper la secte et de révéler leur complot au grand jour.

Après avoir suivi de nombreuses pistes, Gabriel et Ana ont finalement réussi à découvrir le lieu où la secte effectuait ses expérimentations sur le transfert d'âme. Il s'agissait d'un laboratoire ultra-sécurisé situé dans une région reculée du pays.

En observant discrètement les allées et venues des membres de la secte, ils ont finalement pu déterminer l'entrée secrète du laboratoire. Ils ont ensuite réussi à s'infiltrer dans le complexe, grâce à leurs talents de dissimulation et leur maîtrise des techniques d'espionnage.

À l'intérieur, ils ont découvert des salles d'expérimentation étranges, remplies d'équipements high-tech sophistiqués. Ils ont également observé les membres de la secte en train de procéder à des transferts d'âme sur des cobayes humains et animaux, dans le but de s'approprier leur corps.

Gabriel et Ana ont pris de nombreuses photos et vidéos pour prouver l'existence de cette organisation dangereuse et ont même réussi à récupérer des documents compromettants. Ils ont finalement réussi à sortir du laboratoire sans être détectés et ont remis leurs preuves aux autorités compétentes.

Ana était inquiète pour Gaby et lui avait fortement déconseillé de procéder à cette expérience dangereuse, mais Gaby était déterminé à comprendre comment la secte utilisait leur technologie. Il avait placé des électrodes sur son cerveau et s'était allongé sur une table d'opération, prêt à être connecté au système de transfert d'âme.

Les scientifiques de la mystérieuse organisation avaient commencé à activer les machines et à transférer l'âme de Gaby dans un autre corps. Ana, qui avait été autorisée à observer depuis une pièce voisine, observa avec anxiété les compteurs et les écrans. Elle pouvait voir la pression monter sur les machines, et elle craignait que quelque chose ne tourne mal.

Soudain, les machines se mirent à clignoter et à émettre des sons alarmants. Ana pressa le bouton d'urgence pour arrêter l'expérience, mais il était trop tard. Gaby était déjà parti, transféré dans un autre corps. Ana ne savait pas comment elle allait pouvoir le retrouver, ni même si elle le retrouverait un jour. Elle était terrifiée pour lui et pour l'avenir incertain qui les attendait.

Lorsque l'âme de Gaby fut transférée dans une l'autre dimension, il fut submergée par une vision cauchemardesque. Il se trouvait dans un monde chaotique et déformé, où les lois de la physique semblaient ne plus exister. Des créatures étranges et grotesques se déplaçaient lentement dans les ténèbres, émettant des grognements inhumains.

Gaby sentait que son âme était prisonnière de ce monde, incapable de s'échapper. Il ressentait une peur et une anxiété constantes, sachant qu'elle était loin de chez elle et de ses proches. Elle tenta de crier, mais aucun son ne sortit de sa bouche. Il était impuissant face à cette situation, et ne savait pas comment s'en sortir.

Pendant ce temps, Ana était en train de chercher des moyens de ramener Gaby dans leur dimension. Elle avait réalisé l'erreur qu'elle avait commise en laissant Gaby expérimenter le transfert d'âme, et était déterminée à la sauver. Elle avait contacté des experts en physique quantique et en technologie de pointe pour l'aider dans sa mission.

Finalement, après plusieurs jours de travail acharné, Ana et son équipe réussirent à ouvrir une brèche entre les deux dimensions. Ils purent alors extraire l'âme de Gaby de ce monde cauchemardesque et la ramener dans leur propre dimension. Gaby fut traumatisée par son expérience, mais elle était soulagée d'être de retour chez elle.

Gabriel était encore étourdi par son expérience dans cette autre dimension, mais il était déterminé à partager ce qu'il avait vu avec Ana. Il avait l'impression d'avoir eu accès à une autre forme de conscience, plus élevée, plus spirituelle. Il avait vu des choses incroyables, des couleurs et des formes qu'il n'avait jamais vues auparavant.

Il avait également acquis de nouveaux pouvoirs, une nouvelle compréhension de l'énergie et de la façon dont elle circulait à travers tout l'univers. Il avait l'impression d'avoir été connecté à une source d'énergie pure, sans limites ni frontières.

Gabriel expliqua à Ana que cette autre dimension était à la fois magnifique et terrifiante. Il avait vu des créatures incroyables, des formes de vie qu'il n'aurait jamais pu imaginer. Mais il avait également vu des choses horribles, des monstres qui semblaient dévorer l'énergie des autres êtres.

Malgré cela, Gabriel était fasciné par ce qu'il avait vu et ressenti dans cette autre dimension. Il savait qu'il devait continuer à explorer cette nouvelle conscience et ces nouveaux pouvoirs, et il était convaincu qu'il pourrait aider à sauver le monde de la menace de la secte en utilisant cette nouvelle compréhension de l'énergie.

Cet événement a permis de démanteler la secte des reptiliens et de révéler au grand jour leurs plans machiavéliques. Les gouvernements ont alors pris des mesures pour protéger leur dirigeants et les citoyens, et les membres de la secte ont été poursuivis en justice pour leurs crimes contre l'humanité.

Finalement, grâce à leur travail acharné et à leur détermination, Gabriel et Ana réussirent à déjouer le plan de la secte et à arrêter leurs membres infiltrés dans les gouvernements et les institutions du monde entier. Ils avaient sauvé la planète et ses habitants d'un destin sombre et dangereux.

LIVRES DE L AUTEUR

Opération Greenwatch La Quête Temporelle des Artefacts Charles Bruno Piris Date de parution : 25 février 2023 ISBN : 1230006184926 Langue : Français

La Quête pour Sauver l'Univers Virus Mutant Charles Bruno Piris Date de parution : 23 ISBN : 1230006177850 Date de parution : 23 février 2023 Langue : Français

La Guerre Hybride Quand les ennemis invisibles sèment le chaos sur Terre Charles Bruno Piris Date de parution : 23 février 2023 ISBN : 1230006179045 Langue : Français

L'Esprit Cosmique Delta 7 et le Microprocesseur Tueur d'Humains Charles Bruno Piris Date de parution : 20 février 2023 ISBN : 1230006170059 Langue : Français

La Poussière du temps L'agent Delta 7 Charles Bruno Piris Date de parution : 18 février 2023 ISBN : 1230006162955 Langue : Français

Mission : Xylo L Horloge de l Apocalypse Charles Bruno Piris Date de parution : 17 février 2023 ISBN : 1230006159542 Langue : Français

"L'Opération Trident" Delta-7- l'agent secret Alex Pierce Charles Bruno Piris Date de parution : 16 février 2023 ISBN : 1230006157029 Langue : Français

Mission Delta 7 : Le Secret de la Machine Cosmique Charles Bruno Piris Date de parution : 28 février 2023 ISBN : 1230006192570 Langue : Français

La Menace des Mondes Parallèles L'Empire Molazeen Charles Bruno Piris Date de parution : 1 mars 2023 ISBN : 1230006195649 Langue : Français

Les Épopées Galactiques Exploration Interstellaire Charles Bruno Piris Date de parution : 1 mars 2023 ISBN : 1230006196578 Langue : Français

La Quête du Cristal Survivre dans un monde post-apocalyptique Charles Bruno Piris Date de parution : 28 février 2023 ISBN : 1230006193515 Langue : Français

Les Gardiens de l'Humanité

Lutte contre la Secte des Reptiliens

Gabriel Duconte était un agent secret français de l'Ordre des Roses Croix, spécialisé dans l'infiltration et la manipulation. Il avait été formé dès son plus jeune âge à maîtriser les langues étrangères et les techniques de communication non verbale, ce qui lui permettait de se fondre dans n'importe quel environnement.
Gabriel Duconte avait développé une capacité psychique qui lui permettait de percevoir des informations au-delà des cinq sens physiques. Il pouvait capter des informations à distance, voir à travers les murs et même prédire l'avenir dans certaines situations.

Ecrit Par Bruno Charles Piris

Printed by Books on Demand GmbH, Norderstedt / Germany